KB219973

누가 허공을 비었다 했는가

미움은 내려놓고

사랑은 가슴에 가득 채워라.

고마움은 오래오래 간직하고

서운함은 날려버려라.

기쁠 때는 이웃을 생각하고

은혜는 내 몸의 피처럼 모셔라.

詩心禪心 – 삶이 살아 있는 시다

누가 허공을 비었다 했는가

이대원성 지음

여시아문

머 · 리 · 말

나의 서원

나는
큰 나무이고 싶다.
누구나 편히 쉴 수 있는
그늘을 주기 위해

나는
넓은 들이고 싶다.
철따라 온갖 곡식이 생산 되는
들이고 싶다.

나는
넓은 바다이고 싶다.
가지가지 헤일 수 없는 많은 생명들을 품에 안은
바다이고 싶다.

나는

큰 산이고 싶다

세상의 그 어떤 것도 차별하지 않고 받아주는

넉넉한 그런 산이고 싶다.

나는

높은 하늘이고 싶다.

걸림 없고 막힘 없는

늘 푸른 하늘이고 싶다.

그리고

또 꽃이고 싶다.

차 • 례

머리말

1 /

흐르는 물이 바위에 부딪쳐도

흐르는 물이 바위에 부딪쳐도
아파하지 않고

낙엽을 밟아 부서져도
낙엽은 저항하지 않으며

하늘에서 내리쬐는 햇님은
장소를 가리지 않으며

칡넝쿨이 큰 나무에
아무리 감겨도
시비치 않는다.

작은 계곡 물 흘러흘러 강으로,
강물은 바다를 향해 흘러가니

모두가 바닷물 되어 파도를 이룬다.

다향(茶香)은 만리를 머금고 간다.

혜국 스님과 함께 차를 마시는 저자.

2 /

내가 나를 버릴 때

내가 나를 버릴 때
내가 아닌 우리가 되었네.
그리고 우리가 내 안에 있어
더 큰 내가 되었네.

입은 닫을 수록 복이 되고
귀는 열 수록 공덕이 된다.

3 /

제철에 맞는 감의 맛처럼

감이란 이른 초복이 지나면
성급한 사람들은 물에 삭혀 단 맛을 내어 먹기도 한다.
그러다 벌레가 생기면 홍시가 되기도 하여
이 맛을 즐기지만
사실은
가을 서리를 맞고 꼭지부터 붉게 익어
굳이 홍시가 아니더라도 싱싱하고 단맛과 떫은 맛이
조화를 이루는 이 맛이 바로 감이 가진 진 맛이 아닌가.

계절이란
이렇게 제대로 된 맛을 선물한다.
그러다 하나 둘 나무에서 홍시가 되면 그 맛이란
바로 일품이다.
나도 이렇게 잘 익은 감의 맛을 가진
사람이고 싶다.

4 /

가고 오고

오늘은 광덕사 산봉우리
혜인스님의 원력 대 도량에서
허공의 맑은 바람에 먼지를 털고
향로에 향 사르옵고
지난 날 익혀온 나의 업장들 다 올려 공양할 새
한 순간 태산이 무너지는 나의 업장에
가슴에서 타고 내리는 아픈 상처는
눈물이 되어 흘러흘러 옷깃을 적신다.

우주의 은혜 가슴에 담고
새털같이 가벼워진 내 업장에
오직 모아진 두 손 합장 풀리지 않는구나.
이제야 '중생무변 서원도 불도무상 서원성'을
알 것 같다.

5 /

절대로 함부로 할 수 없는

절대로 함부로 할 수 없는
사람마다 가지고 있는 마음이란 게 있다.
그 어떤 조건에도 굴복할 수 없는 그것
보이는 물건이나 재산, 아니면 몸도 해할 수는 있지만
눈으로는 볼 수 없는 마음이란
그 누구도 함부로 할 수가 없다

우선 말로는 순간을 모면하기 위한
거짓 대답은 될 수 있겠지만
진정 감정을 가진 사람이란 자기만이 소유하는 마음이 있다.
불에도 타지 않고 물에도 떠내려 보낼 수 없는 그것
그래서 빼앗을 수는 더욱 없는 일.
서로가 인정해주어 사람 사람마다 자기답게 살아감이
대방광불화엄경의 세계가 아닐까
나무마다 가지가지 꽃을 피우지만 나뭇가지 속엔

꽃의 색도 없고 꽃의 모양도 없다

그러나 때가 되면 그 뿌리의 조상을 알게 되는 법.

세상의 모든 삶이 다 미묘의 법칙으로

그야말로 신비 그 자체다.

이 틈새에 나란 존재도 또 있음에…

대방광불화엄경 대방광불화엄경 대방광불화엄경!!!

6

하늘의 해가 구름을 시비치 않고

하늘의 해는 해를 가린 구름을
탓 하지 않고
달빛을 가린다고 달이 시비치 않는다.
머물지 않고 흘러 가는 구름은 흘러 갈 뿐이다.
산에 내리는 비도 산이 막지 못하고
바다에 내리는 비, 바다도 거절 하지 않는다.
아카시아 꽃 속에 벌이 꿀을 따 가도
꽃은 꽃만 피울 뿐 시비치 않는다.
세상의 땅과 하늘은 그 누구도 차별하지 않는다.
좋은 사람도 나쁜 사람도 같은 시간을 주며
같은 품에 안고 있다.
다만 사람이 근기에 따라 스스로 자신의
길을 선택 했을 뿐이다.

7 /

해는 하늘에 놀고

해는 하늘에 놀고

달은 물속에 놀며

별은 어둠속에 놀고 있다.

해는 오직 하나로 세상을 밝히고

달은 물이 있는 곳이면 어디라도 잠겨들고

별은 깜깜한 어둠이면

형형색색 크고 작은 별 어깨 위에도 내려 논다.

해는 이글이글 모든 열매를 익혀내고

달은 편안한 밤으로 쉬게 하며

별은 정다운 추억을 만들어 준다.

아침이면 하루가 길어 할 일도 많고

밤이면 몸은 휴식을 취하고 마음은 꿈나라로 간다.

엄마 아빠 있어 내가 있듯
내가 있어 아들 딸 함께 살아가니
부모와 자식이 한 조상이거늘
이 사랑 저 사랑 다 함께 하면 뉘가 남일까.

해를 만난 사람, 달을 만난 사람, 별을 보는 사람
모두가 가슴엔 시(詩)가 숨어 있어라.

8 /

허공이 비었다고 누가 말했나

허공이 비었다고 누가 말했나.

천지 만물을 다 품어

부모의 품과 같은 넉넉함으로

뭍 생명들을 다 살게 하고 있지 않는가.

그러고 보면 이 땅에 존재하는 모든 것들은

내 형제자매와도 같은 것

이제야 돌이켜 생각해보니 내 피와도 같고

살과도 같은 많은 생명들을

부지런히도 살생하고 살았구나.

늙어 죽어 갈 이 한 몸을 살리려고.

9 /

홍법사 뜰에는

홍법사 뜰에는
빨간 나뭇잎이 떨어져
바람에 이리저리 쓸려 다닌다.

봄부터 꽃피우고
여름을 무성히 하더니
늦가을 푸르던 잎이 이별이 싫어
얼마나 울며 지세웠는지
빨가니 멍이 들었구나.

아직도 몇 개의 나뭇잎은
나무에 매달려 안간힘을 쓰지만
계절은 냉정하게도 그냥두지 않는다.
빨간 나뭇잎은 햇살에 비쳐
아름다움으로 황홀함이다.

한 잎 두 잎 줍고 있을 때
나뭇잎들은 나도 나도 하며 소리를 지른다.
사람의 발길에 밟히면 부서지고 말테니
함께 따라가겠노라고,
주워 온 나뭇잎
집으로 가져와 함지에 가득 담았다.

햇빛이 잘 드는 창가에 두고
낙엽의 지난 세월을 보며
내 인생도 담아 본다.
슬플 것 같은 운명적인 삶을…

10 /

내 고향 밀양

밀양이여!
나를 태어나게 해준 밀양이여.
언제나 잊을 수 없는
나의 추억 밀양 부북 덕곡리 634번지

집에는 할아버지 엄마 오빠 동생
그리고 어른 머슴 둘, 아이 머슴 한 명 있었고
소와 개 닭 그리고 고양이도 있었다.
뒤뜰을 둘러싸고 있는 짙은 대밭이며
단감나무 떫은 나무
손만 내밀면 따먹을 수 있었다.
장독 옆에는 키다리 장다리꽃 아름드리 피었고
봉숭아꽃 채송화도 피었었다.

어린 내 허리엔 보자기로 싼 책보가 매어지고

오가는 길가에 하얀 찔레꽃 피어있어
향기가 좋아 꽃도 먹고 새로 솟아난 새순을 잘라
껍질을 벗기고 맛있게 먹었었다.
피기라는 풀에서 하얀 속살을 까먹었던 기억이며
목화 꽃 피기 전 보드라운 다래며 어린 가지와
오이를 따 먹었던 그때 그 친구들~!

늘 그립기만 했는데
오늘 그 얼굴들 만나 보니
옛날 우리를 혼내시던
할머니 할아버지 모습이 되어있다.

11 /

차 꽃이 피었다

차 꽃이 피었다.

푸른 잎에 하이얀 꽃

하얀 꽃에 노란 꽃술

처음부터 수줍은 미소 머금고

다소곳이 고개 숙여 피고 있어라.

날마다 맺었던 꽃봉오리마다

피고지고 피고지네.

차 꽃이 지고 난 후 열매 맺었네.

다시 나무가 될 씨앗을 만들어

가지에 달았어라.

훗날 엄마나무처럼

잎을 만들고 꽃을 피울 씨앗이어라.

잎으로 향기 만들고

꽃으로 향기 품어내는 차나무!

오늘도 소중한 삶으로

즐기고 있음이여!

다향만리(茶香萬里)의 깊은 뜻

모를 이 뉘 있으리…

저자가 가꾼 차나무에서 차꽃이 피었다.

12 /

진실한 삶을 위해

진실한 삶을 위해
행복할 때는 조심하고
슬플 때는 넓은 하늘을 보라.
외로울 때는 산을 오르고
괴로울 때는 바다를 보라.

미움은 내려놓고
사랑은 가슴에 가득 채워라.
고마움은 오래오래 간직하고
서운함은 날려버려라.
기쁠 때는 이웃을 생각하고
은혜는 내 몸의 피처럼 모셔라.
누구라도 부족함을 탓하지 말고
모자람을 채워보는 따뜻한 가슴이 되라.

어떤 일이든 긍정적으로 생각하고

모든 색을 있는 그대로 보라.

내 맘대로 생각하지 말고

그 모든 것에 고개를 끄덕이어라.

삶이 행복하기 위해

나를 길들이자.

13 /

이윤근 회장님 장례를 보고

장례식이 끝나고 화장장에 갔다.
생전의 사랑하던 아내와 가족들
그리고 인연 있는 모든 사람들의 전송을 받으며
관은 미끄러지듯 불길로 밀려 들어갔다.
이내 화장중이란 글자가 눈에 들어온다.
살아생전엔 이 불길을 무서워했을 텐데
지금은 그 뜨거움도 모르는 시신이 되어
활활 타고 있다

가족들과 지인들은 마지막 이별의 슬픈 눈물을
훔치며 식당으로 발길을 돌린다.
모두가 허기진 시간으로 식사를 한다.
식탁마다 화기애애하기도 하다.
살아있다는 것은 이런 것이다.
배고프면 밥 먹고 목마르면 물을 찾는다.

슬플 때 울고 즐거우면 웃는 이것이 인생이다.

얼마의 시간이 지나
그 긴 관은 작은 항아리의
한 줌 재가 되어 나왔다.
이젠 그분의 모습은 영원히 볼 수 없다.
오늘 우리가 슬퍼하던 이 모습도
다시는 볼 수 없다.
이제 흘러가는 이 시간은 세월이 되어
묻히고 말뿐이다.
이것이 인생이고 세상이다.

14 /

잠에서 깨어나면 만나는 오늘

잠에서 깨어나면 오늘이란 날을 만난다.
가만히 있는 하늘이지만
어둠이 오면 밤이라 하고
밝아오면 아침이고 또 하루라 한다.
하루는 24시간,
그 속에서 태어나고 그 속에서
살아가며 그 속에서 죽음을 맞는다.

사주팔자 시간이라지만 내가 지은
공덕 없다면 무엇으로 복을 기다릴까.
밤과 낮으로 죽었다 깨었다 했을 뿐인데
어느 사이 늙어 주름진 얼굴!
할머니란 이름이 너무도 자연스러워
점점 멀어져 가는 서쪽의 해가 되어
밤을 만날 시간들이 다가온다.

누구나 이별은 아쉬워도 희망도 있는 법
보리를 심었으면 보리를 거둘 때가 있듯이
수행과 정진의 자리 익숙하면
내가 가는 길 두려움 없으리니
정신을 차리고 문득문득 나를 살펴본다.

15 /

인연

억만년 땅 속에 묻혀있던
큰 바위가 때가 되어
부처의 생명을 안고 태어나니
모두가 예배하며 기원 드리누나.

인연이란 사람만이 아닌
이 우주 법계의 만물이 다 함께 하는 것.
내 작은 원력도 싹 틔우면
언젠가 큰 세상에서 자라리라.
나는 누굴까? 나는 누굴까?

옥에도 티 있으니
남의 허물 캐묻지 말아야 하네.
좋은 사람 잠시 잘못 마음 쓰면 악인 되고
나쁜 사람 좋은 생각 일으키면

또한 좋은 일 칭찬 받네.

제행무상(諸行無常)이라는 이 단어 속에
세연(世緣)이 다 있구나.
털어야 함은 먼지 같은 번뇌요
걸어야 함은 구도의 길이요
보살의 삶으로 행해야 함이요

바보의 웃음처럼
조건 없는 밝은 미소가 더 아름다운 것.
죄의 흔적, 복의 흔적 보이지 않지만
그 훗날 그 모습 나타나네.

16 /

소림사 참회산림 중에

옹달샘에 잠겨있는 달을 보고
물도 달도 떠서 담았네.
물을 부어 찻물을 끓일 때는
그 달은 어디로 사라져 버리고
맑은 물소리만 흐른다.

달은
맑은 물만 보면 살며시 스며들고
물을 움직이면 하늘로 날은다.
달과 같은 내 마음
오늘은 어디로 나투일까.

17 /

대원성 올 때와 갈 때

온통 뜨겁다 못해 따가운 햇살에 사람마저 익혀 질 것 같은데
요즘 부쩍 초상이 많아진 것 같다.
거의 매일 상가(喪家)를 방문하고 늘 느낌이 한결같다.
젊을 땐 누구 집 아기 보러 다니기 바쁘더니
조금 더 나이들 때면 학교 보내는 일이
번거롭고 바쁘다고 했는데
그러다 한창 결혼식에 다니기가 또 바쁜 일이었다.
그러더니 이제 초상집이라니…
인생의 사계절이 아닌가

生老病死
아기로 태어날 땐 아기가 울었다.
엄마 뱃속에서 헤어짐과 홀로 살아가야 하는
세상이 두려워 울었다.
그런데 죽음 뒤엔 남아있는 모든 인연들이 보내기 아쉽고

그동안의 정으로 얽힌 사연으로 못내 가슴 아프고
다시 볼 수 없다는 슬픔으로 운다.
한줌의 재! 사람의 재!

그 허무한 한줌을 날리면 이 세상의 모든 연(緣)은 끝났다.
그러나 끝나지 않은 그 무엇이 늘 살아있다.
그것은 그와 함께한 모든 관계가 가슴마다 스며있기 때문이다.
좋은 관계는 두고두고 그리워하겠지만
서로 불편한 가슴을 풀지 못했다면
그 또한 한으로 아픈 가슴으로 세월을 보내야 하는 것,

사람마다 초상 치루는 동안 그 삶을 볼 수가 있다.
주변의 문상객들은 저마다 한마디씩
그것이 그 사람이 살았을 때의 모습을 말하기 때문이다.
나는 내가 살았다는 안도보다 더 큰 숙제를 안고
오는 것 같다.
이렇게 사람의 모습을 접고 본래로 돌아가니
돌아가신 것이다.
아무것도 소유할 수 없는 본래 그대로…
가시는 분도 남은 사람도 모두모두 안녕.

18 /

어둡던 새벽이 밝아 온다

언제나
새벽은 어둠을 뚫고
밝음을 안고 온다.
아무도 마중하지 않아도
여여(如如)한 일상으로 새 날이 되어 온다.

우리 사람들도
밝으면 일어나고 어두우면 잠이 든다.
잠에서 깨어나지 않으면
죽음의 시간인데
새 아침마다 기쁜 삶에 감사해야 하지 않을까.

무겁던 근심은
어젯밤 꿈속에 묻어두고
눈빛은 다정하게

입가엔 미소로 기쁜 만남 이루어져라.

하루의 시작도 천년의 연속이며
한 시간 전의 일도 과거의 내 삶이니
떠오르는 아침 해도
석양의 붉은 노을에도
과거 현재 미래 속에 내가 존재하네

아침 해도
지는 해도 모두 나를 지켜보고 있는데
오늘 나는 무엇을 하고 있나?
어항의 고기도 나를 보고
베란다의 꽃들도 나를 바라본다.

19 /

어둠이 깊을수록

빛이란
어둠이 깊을수록
작은 불빛이 더욱 빛난다.
사랑이 메마른 사람일수록
누군가의 작은 배려에 큰 힘을 얻는다.

사람들은 흔히 나보다
훌륭한 사람 앞에 서면
비굴하리만큼 작아지고
나보다 못해 보이는 사람 앞에선
괜히 잘난 체 어깨에 힘을 준다.

그러나 내가 못하는 일을
그들이 하는 일이 얼마나 많으냐.
비록 미천한 일 같지만

내가 그 일을 할 수 없음이니
고마움이고 필요한 사람이지 않은가.
깨끗한 옷으로 편히 밥을 먹고 살지만
흙으로 살고 있는 농부가 없다면
어떤 모습으로 살아갈까.

사람마다 반딧불 같은
귀한 빛을 나름 다 소유하고 있으니
모두가 귀한 존재로 인정하여
내 삶에 당신의 거룩한 빛이 비춰 준다고
감사하고 고마워하라.
산 아래 작은 오두막집 불빛 따라 가면
지나는 길손 하룻밤 편히 묵으리라.

20 /

햇님

동녘 하늘이 붉게 물들면
아침이 열리고 있다.
하늘에 뜬 해는
종일 하늘에서 놀다가
저녁이면
서산 넘어 바다 속으로 숨었어라.

그렇게 하루가 흘러가 버리고
내일도 오늘처럼
모래도 오늘처럼
아니 그 먼 옛날에도
오늘처럼 늘 그렇게 해 왔다.
매일 밤마다
어둠은 햇님을 꼭 껴안고 자고
새벽이면

다시 세상 밝히라고 내어 놓는다.

밤은 꿈을 만들고
낮은 그 꿈을 이루어 가며
오고 가는 시간 속에
공덕의 탑만은 쌓아야 하리.

21 /

성난 자연

무엇으로 그리 화가 나셨나요?
바람 없이 살 수 없지만
이런 바람이면 너무 무서워요.
물이란 우리의 피와 같은 생명이지만
이런 거센 물길로
사람도 재물도 다 떠내려 보내다니…
사람이 주인이라고 너무 함부로 해서
우리가 혼나고 있는 건가요?

우주 만물이 다 함께 울고 있습니다.
가족을 잃고 재산을 잃고 살아갈 막막한
우리들의 이웃과 국민들이
이때만이라도 혼자 잘 살려고 하지 않겠지요.
내 무사함에 감사하기보다 미안하기도,
추운 밤에 떨고 있을 수재민을 오늘 밤

꿈에라도 만나 따뜻한 정 나눠야겠습니다.

이제 비도 바람도 거두어 주십시오.
산에 나무도 짐승들도
놀라고 겁에 질려 있습니다.
들녘에 종일 허리 굽혀 농사짓던 그분들
다시 들길을 거닐며 희망을 가지게 하소서
죄가 미워도 사람을 벌하지 마시고
다시 평온을 찾게 하소서.
우리는 이때 진정 보시바라밀을 하겠습니다.

수재민 여러분! 힘내십시오.

22 /

삶에 감사하고

삶에 감사하고
인연에 충실하며
진실에는 꾸밈없이
세상에선 작은
자연인으로 살자.

23 /

살면서 잊지 말아야 할 일

내가 있어 조상님께 감사해야 하고
살아있음에 기뻐해야 하고
살기 위해 짓는 많은 허물에
미안해 할 줄 알아야 하고
살기 위해 생명 있는 것을 해치기도 하니
죄송해 할 줄 알아야 하고
걸음걸음 죄 아니 짓고 살 수 없으며
생각생각이 좋기만 하지 않아
미움과 원망 그리고 저주가 교차할 때면
거울에 내 모습을 비춰보아야 할 일

아름답지 않은 생각마다 얼굴도 미워지니
닦고 닦고 또 닦는 마음으로
늘 참회하고 발심하여
보리심 가득 자라게 하여지이다.

24 /

사람의 향기

새벽에 일어나 깨끗이 목욕하고
맑은 마음으로
부처님 전에 예경 올린다.

마음은 어떻게 생겼는지 볼 수는 없지만
고요하고 깨끗한 생각 일으킴이
부처님과의 만남인가 보다

갑자기 어디선가
향기로운 마음에 가슴이 열린다.
내가 내 곁에 있음을 보고
나는 나를 사랑하는 삶이어야 겠다는
지극한 기도가 열린다.

내가 나를 사랑할 때는

진실이 나를 떠나지 않을 것이고

잘 익은 석류알 같은 지혜가

내 속에서 영글어지리라.

잠시잠시 스쳐가는 내 향기를

내 곁에 두루두루 함께 느끼도록

사람의 향기를 나누자.

25 /

사나가 소풍을 간다고?

태어나 처음으로
어린이 집에서 소풍을 간단다.
김밥과 과자 가방에 넣어
소풍이 뭔지도 모르면서 소풍을 간단다.
사나가 신나게 소풍 가니
멀리 있는 할미도 신이 나구나.

선생님께는 귀염둥이
친구들께는 사랑 만점으로 잘 놀아라.
이제 사나가
소풍이 뭔지 알게 되는 날
산에서 놀다온 이야기
많이많이 담아
이야기보따리 풀어놓으렴.

26 /

부처님은 허공에 가득 채워 계시는데

부처님은 이 우주 법계 가득 채워 계시는데
우리는 절을 찾아 부처님을 찾는다.
아니
부처님은 우리 가슴마다에 가득 채워 계시는데
우리는 부처님을 만나러 절을 찾는다.
그래야만 마음 편히 기도할 수 있기 때문이다.
법당의 부처님과 내 마음속의 부처님이 하나임을 알 때
그때 비로소 허공의 부처님도 만날 수 있기 때문이다.

허공이 보이는 것 같지만 허공은 잡히지도 않고
또 존재하지도 않는데
허공은 살아있는 부처님 마음이네.
언제나 여여하여 차별 없이 만나주는 저 허공처럼
언제 어디서라도 만날 수 있는 부처님을
내 부처님으로 모시고

나도 그 부처님처럼 차별 없는 마음으로
세상 모두를 탓함이 없는 사랑으로
만남마다 거룩한 인연 되기를 소원하리라.

27 /

부처님 앞에만 서면

오늘도 새벽 잠에서 깨어 맑은 마음으로

부처님 앞에 합장하여 부처님을 우러러 본다.

부처님 앞에만 서면

제일 먼저 세상에서 제일 고마운 사람 얼굴이 떠오른다.

부처님 앞에만 서면

미운 사람 자꾸 떠오른다.

좋은 모습도 미운 모습도

지우려 지우려 애를 쓴다.

애쓰는 내가 싫어 나를 지우려 절을 한다.

부처님은 이 모습도 저 모습도

다 지우고 여여 하라 하셨는데

부처님 앞에만 서면

망상이 망상이 시간을 재촉하니

나 이제 잊는 공부 서둘러야 겠네.

무아의 경지에 언제나 도달할 런지

도반들이여!

철없는 이 마음에 빛이 되는

격려의 힘 되어 주시게나.

하늘을 가릴 수 없는

영겁의 업장이 녹아질 때까지

우린 함께 정진의 길을 비켜가지 말자꾸나.

아름다움은 눈에 담고

귀한 법문 귀에 담아

즐겁고 행복한 일은 가슴에 담아

우린 늘 기쁜 도반이 되어

부처님께 바라는 일 없는 발원하여 보세.

28 /

본시 나는 하늘에서 내린 깨끗한 물이었다

본시 나는 맑은 물이었다.

그러나 만나는 곳따라 나는 변하여

흐린 물이 되었을 뿐

물이란 자체가 변한건 아니라네.

개울이 되기도 하고 강이 되기도 하고

때로는 누구의 집 설거지 물이 되고

또는 화장실 물이 되기도,

어쩌면 빨래를 하는 물이기도 하네.

그래서 본래의 맑은 물이 아무리 나라지만

나는 내가 아닌 그 어떤 것도 다 받아주어야 하네.

이건 물이 감당해야 하는 사명이기에

후회도 원망도 없는 것

그리고 결국은 흘러흘러 바다로 회향함이니

지나온 어떤 역경도 꿈이요 환일뿐이네.

29 /

상대는 내 거울이다

사람은 누구나 자기를 바로 보기는 어렵다.
그러나 상대방이 잘하고 못하는 것은 금방 찾아내곤 한다.
성을 잘 내는 사람이 자신의 성격은 못 보고
늘 남의 탓으로 돌리는가 하면
내가 말을 많이 하면서 남이 말하는 것을 듣지 않고
남이 하는 일을 사사건건 트집을 잡는,
우리는 이러한 다양한 성격들을 만나며
나도 또한 이런 종류의 성격을 소유하고 있으리라.

우리가 이런 가운데서도 성숙한 변화를 얻기 위해선
나의 거울을 보는 마음으로 상대를 보자.
그러면 그 모든 상대는 내 모습이 된다.
부끄러운 상대의 모습을 하고 있는 내가 되어보자.
그러면 내가 그런 일을 할까.
아니면 아름다운 상대의 모습으로 내가 되어 본다면

얼마나 내 모습이 행복할까.
그래서 상대는 나의 스승인 것이다.

세상이 이렇게 보면 재미있는 공부가 아닐까.
오늘도 어떤 모임에서 펼쳐진 이야기 속에
내가 남긴 잘못된 이야기나 모습이 없었는지 살펴본다.
언제나 잘한 것 보다 허물이 많은 하루가 된 것 같다.
정진하세~ 정진하세~ 우리도 부처님 같이
이렇게 노래로 하루의 반성을 올리며
내가 달라지길 기도한다.

30 /

밤이 깊어 가는데

KTX 기차를 타고 서울 간다.
커텐 너머 유리창은 너무나 선명한
거울이 되어 나를 비추인다.
내 눈엔 돋보기를 낀 듯
깊게 패인 내 얼굴의 주름들을
하나 둘 셀 수가 없구나.
학창시절 고향 갈 때
그때 차창에 비치던 내 모습이 생각난다.
어리고 귀여워 보이던 그 시절이
오늘은 참 그리워진다.

나는 지금 할머니로 서울 가고 있다.
둘째 손자가 태어날 준비로 가는 길
그래도 기쁜 이 할머니!
나야 늙지만 내 손자들은 자라니

세월이 밉지만은 않구나.

아이들아! 잘 자라라.

아이들아! 씩씩하게 세상을 살아라.

세상 축복 모두 안고 행복해라.

긴 여로에 합장한 손 풀리지 않고

이 땅에 살아갈 소중한 인연들을 위해

기도하며 흘러가고 있다.

내 모습이 닮아 낙엽 같은 초라함이라도

나의 축원만은 바람의 공기와 같아

영원하리라.

31

밤마다 달이 밝은 날이면

밤마다 달이 밝게 비춰일 때면
달님은 작은 그릇의 물에도 큰 연못의 물에도
고요히 홀로 즐기며 잠겨 쉬고 있다
하늘의 달은 연처럼 높이 떠 있고
물속의 달빛은 주변을
훤히 밝게 비추인다

참으로 아름답고 신비로운 시간이기에
우리 모두는 시인의 마음으로
한 마디씩 시를 읊는다
달빛은 나를 긴 그림자 만들게 하고
하하 호호 웃음소리 적막을 깬다
도란도란 추억의 꽃을 피우고
이마저도 또 멀어져버릴
무상(無常)을 노래한다

달님이 머물다 간 자리
물에는 흔적조차도 남기지 않았어라

이젠
내 가슴에 빠져있는
달을 건져내어 나 혼자 만나야지
나만 혼자 눈을 감고
은은한 미소의 이야기 들려주어야지.

32 /

밤 산책

우리 동네 뒷산하면 금정산이 있다.
늘 산책하는 아름다운 오솔길은
많은 사람들의 사랑을 받는 길.
며칠 전 그동안의 게으름을 털고 산책을 나섰는데
'어머! 이 길이?' 하고 놀라워했다.
지난 봄부터 산책길을 예쁘게 공사 한다더니
이렇게 바뀔 수가…
그땐 돌과 흙, 그리고 바위를 건너다니던 길이었는데
지금은 몸이 불편한 사람도 다니기 좋도록
흙 길로만 깨끗이 단장되고 가다가 연못도 세 개나 만들고
길 가엔 철따라 피울 꽃들이 가득 심어졌다.
참으로 예쁜 산길로 변해 있었다.

또 밤에도 산을 좋아하는 사람들을 위해
키가 작은 가로등을 길 양쪽으로 켜두어

분위기는 산속으로 젖어들게끔 되어 밤 10시에도
가족들이나 연인들, 친구들의 행렬이 끊임이 없으니
정말 밤이 주는 행복일까, 산이 주는 행복일까,
고맙고 감사함을 사람마다 함께 느끼게 되니
어둔 밤 얼굴마다 환하다.

솔잎 사이로 비치는 달빛도 길을 안내하듯 함께 걷는다.
가끔씩 불어오는 소슬바람에 머리카락을 다듬으며
집에 오는 길
내내 산의 모든 생기에 고마워하며 행복한 밤이다.
시원한 가슴 편히 잠들 것 같다.
수고하신 관계자님들께 보람있는 일 하셨음에
시민들의 마음 표로 칭찬 올립니다.

33 /

바람이 불면

바람이 불면

바람따라 날아라.

비가 오면

비를 맞으라.

그리고

햇빛 쏟아지는 날엔

햇빛을 맞으라.

자연은 사람의 힘이 아니기에

사람도 자연에 순응할 줄 알아야 하네.

34 /

물처럼 바람처럼

물처럼 집착 없이 바람처럼 미련 없이
시간은 항상 차별이 없어라.
그러나 시간은 언제나 같은 시간인 것 같지만
흐르는 물도 그 물이 아니듯이
바람 또한 그 바람이 아니듯이
시간 또한 그 시간이 아니네.

지나간 시간 속에도 태어남과 죽음의 연속으로
지금의 여기에 있는 것,
지금 이 시간에도 죽음으로 흘러가고 있다.
우리는 늘 존재하지 않는 세월을 붙들고
내일을 보지 못한다.
잠들면 죽었다가 날이 밝아 잠 깨면 살아나는 것처럼
우리가 살고 있는 이 세상은
오는 것을 거절 않고 가는 것을 또한 잡지 않는

미묘의 법칙이 있어 삶과 죽음을 자연이라 하네.

그래서 인생은 나그네일 뿐,
그래도 다행한 건 생각할 줄 아는 사람이기에
오늘보다 나은 내일을 꿈꾸며
복이 되고 지혜가 되는 마음공부로
쌓고 쌓는 저축을 부지런히 해야 하리라
떠날 때는 소슬 바람처럼
조용히 흘러가는 물처럼
강과 바다 속으로 스며들도록 거역하지 않는…

35 /

못난이 사과들의 시위

못난이 사과를 사왔다.
한쪽이 흠이 있어 값이 싼 것들이다.
그러나 맛을 탓할 수 없는
제철의 과일이다.
모양이 좋은 과일이라면
응당 부처님 전에 올리고 먹었을 텐데
그냥 깎으려는 순간
못난이 사과들의 말이 내 가슴에서 들린다.

“잠시만요!
우리도 부처님의 공양물이 되고 싶어요.
바람의 흔들림에 상처가 생기고
떨어져 흠이 생겨 비록 못난이가 되었지만
우리도 공덕이 되는 공양물이고 싶습니다.”

이렇게 보채는 말이 시위가 되어 들린다.
다시금 정성 다해 부처님께 올리며
못난이 사과들의 이야기도 함께 올렸다.

한결 홀가분한 마음으로 사과를 깎는다.
내 모습이나 내 마음들의 허물도 살펴본다.
오늘까지의 모든 허물들을
낱낱 부처님께 고해 바치고
새로운 서원으로 합장을 한다.
못난이 사과를 깎으며
나의 못난 삶도 살펴보았다.

36 /

몸이 가야 하는 길이 있고

몸이 가야 하는 길이 있고
마음이 가야 하는 길이 있다.
몸이 가는 길은 걸을 수록 힘이 들어 지치지만
마음이 가는 길이 멈출 때면 이미 지쳤다는 뜻이다.
몸이 가는 길은 앞만 보고 가지만
마음이 가는 길은 돌아가기도 하니
그건 바로 반성이 있기 때문이다.

몸은 비가 오면 젖지만
마음은 그 어떤 태풍에도 끄떡 않는다.
무서운 불길을 만나면 몸은 피해야 하지만
마음은 그 어떤 화마에도 태워지지 않는다.
사람의 몸이 움직일 때는
마음이 먼저 뜻을 세웠기 때문이다.
오늘도 마음이 먼저 몸을 데리고

좋은 인연 있는 님들을 만나기 위해
밤잠을 설치고 일어나 가고 있다.

사랑을 아무리 보내고 부쳐도 우표 값이 필요치 않아
밑지는 장사는 아닌가 봐요.
마음과 뜻이 같은 사람과는 오래 함께 할수록
더욱 깊은 사랑의 향기가 되어 믿음과 신뢰로 쌓인다.
한 알의 사탕에도 기쁜 소식이 들었거늘
미워하는 마음도 미움을 일으킬 마음도 없는
본마음으로 개울물처럼 흘러가듯
미련 없는 나를 띄워보리.

37 /

마음이여! 마음이여!

마음이여! 마음이여!
마음이 어디에 있는지?
온 몸 다 뒤져도 마음이란 물체는 없는데
모두가 네 맘 내 맘을 이야기 한다.
그러면서 세상의 모든 것 다 안고 있으니
내 몸보다 더 큰 마음자리이지 않는가.

어찌 팔만사천 가지만 있을까.
수억만 가지의 물체와 색을 알아보는 그 신기한 마음!
그러면서도 조그만한 싫은 소리엔 용서가 되지 않고
보글보글 속을 끓인다.
좋아서 데굴데굴 웃다가도
슬픈 소식 앞엔 한없이 나약해지는 사람의 마음
파도의 물도 똑같은 바닷물이거늘
일어나고 사라지는 그 파도처럼 우리들의 마음도

시시각각 변하지만 그건 구름같은 생각일 뿐
마음은 그대로 언제나 하늘같이 변함이 없음일세

몸이 마음을 안고 살지만
마음이 몸을 부리고 살지 않는가.
마음과 생각을 잘 가꾸어
내가 되어 살아야 지혜로운 인생일 터
장미의 향기가 되고 여름철 수박이 되어
형체를 따르는 사람들과의 인연마다
함께 나누어 살며
나~ 보살이 되어 살리라~

38 /

마음이

마음이 어떻게 생겼기에
이렇게도 가슴이 답답하도록 누르고 있을까?
마음이 얼마나 크기에
이렇게도 가슴이 무거울까?
마음이 어디에 숨어있기에
그 마음에서 벗어나지 못할까?
마음이 가슴에 있다면
왜 다리가 떨리고 있을까?
마음이 몸 속에 있다면
몸 밖에 일을 걱정을 할까?
마음은 모양도 없고 무게도 없는데
그로 인해 걸음 걷기조차
천근만근이네.

모양 아닌 마음을 안고

그리운 이 생각하면 절로 미소 지어
새처럼 그를 향해 달려가는데
마음은 선택의 차이여라.
좋은 생각 내면 행복해지고
슬픈 생각 일으키면 슬퍼진다.
마음의 무게는
본시 없는 것인데…

39 /

마음은 보이지 않으면서

마음은 보이지 않으면서
내 작은 가슴에 마음이란 것이 숨어 있는데
오늘은 이렇게 힘들도록 무거움으로 채워져 있음을.
평안하던 가슴이
오빠와의 이별이 이렇게 아픔으로 채워지다니…
삶과 죽음이 주는 낮과 밤인데
분명히 밝은 해가 지면 어둠이 오고 어둠 뒤엔
다시 밝은 새날을 만나는 자연의 법칙이련만,
육신으로 만난 인연이기에 그 육신의 흔적을
이젠 영영 볼 수 없음에 또 슬프다.
나도 시간 시간이 그 길을 가고 있으면서,
이 모든 이론에는 여지 없는 일이건만
지금 이 시간 그냥 슬프다.

마음을 씻는다. 마음을 닦는다. 본시로 돌아가는

수행을 해야 하는 말을 듣기만 한 것이 아니고
하기도 했는데 지금 이시간은 그냥 슬프다.
영전에 술이며 담배를 올리는 조카들의 심정은 생전에
즐기던 것이라지만 고인은 이미 소용이 없는 것.

아~ 무상(無常)이여.
이제 무상(無上)으로 새로운 지혜 안고 나투소서.
이렇게 흐리고 무거운 가슴을 비우고
낮과 같이 밝은 마음으로 달빛 같은 은은함으로
수행의 의미를 새겨 보도록 노력하겠습니다.
육신의 모습은 사라져도 가슴에 남은 여운으로
가끔씩 바람결에 들리는 소식이라 믿으렵니다.

40 /

내가 부르는 축원의 노래

언제나 고마운 마음으로
당신을 생각함은
그건 곧 당신을 위하는 기도입니다.
내가 당신을 잊지 못함도
당신 모습이
이미 내 가슴에 와 있기 때문입니다.
또한 내가 당신을
항상 품고 있다는 것은
지금도 당신 위한 기도 중이란 뜻입니다.

앉으나 서나 내 속에
잠겨 있는 당신이 있기에
거룩한 성전의 축원처럼 행복하답니다.
언제나 기쁜 마음으로
사랑하고 감사하며 큰 은혜의 마음으로

내가 부를 축원의 노래입니다.

부디 행복 하시라고.

41 /

내가 병원에 있을 때

허름한 병실에 간병인과 나

두 사람이 시간을 맞이하고 있다.

화려한 외출복의 방문객들은 낯익은 인연들!

이 숱한 사람들을 만나고 헤어질 때마다

나의 존재가 어떤 사람인지 다시금 느끼게 된다.

나 자신!

참으로 보잘 것 없는 작은 한 여자일 뿐인데

너무나 많은 격려와 걱정을 받으니

세삼 나의 삶이 더 진실하고 아름다워야 함을

절실히 깨달아 이 고마움들을 가슴에 담고

은혜에 보답 될 삶이 되어야 겠다.

다시금 큰 서원으로

소중한 인연들을 더욱 소중히 아끼고 보살피고

보람된 만남을 이루어야 겠다.

감사하는 마음으로
수행의 여정에 내 잠시 머물고 있다고 믿으련다.

일일이 거명하기조차 어려운 많은 사람들의 위로 속에
송구하고 가슴 뭉클한 사랑을 어찌 말로 다할까.
온갖 음식으로 온갖 덕담으로
나는 나를 떠나 나를 보는
부끄러움과 후회 용서도 배웠고
또 간절한 마음도 알게 되어 모두에게 감사합니다.
이 한 마디 말로만 내 가슴 모두를 보일뿐이다
살면서 영원히 고마운 은혜! 잊지 않고 기도하리다.
부디 행복하소서.

42 /

내가 둘이 되어보자

나와 똑같은 사람 하나 만들어

앞에 두고 살펴보자.

어떤 점이 예쁘고 어떤 부분이 미운지를 보자.

남이라는 생각으로 본다면 몇 점을 줄 수 있을까?

그리고 남에게 베풀기를 얼마나 실천하고

말과 행동의 차이는 또 얼마인가.

마음속을 들여다 보자.

시시때때로 변하는 그 마음이 어떻게 생겼는지,

남 속에 내 존재는 어떻게 비추이는지도,

사랑하는 마음, 성내는 마음 중 어떤 것을

많이 사용하고 있는지 살펴보자.

그리고 나 자신을 얼마나 귀히 만들어 가는지.

나를 사랑함은 원망 듣지 않고 욕됨을 듣지 않으며

존경 받을 인격이 갖춰졌을 때이리라.

그러나 일부러 만드는 것이 아닌

지극히 자연인일 때가 진정한 인격일 것이다.

43 /

내가 나를 보게 되니

괜스레 삶이 시들하고 마음이 울적하다.
두 사람이 살고 있는 지금의 내 삶 앞에
일흔이 넘은 남편을 보고 맘에 들지 않는다고
재미없어 하다가
오늘 아침 거울을 보고 깜짝 놀랐다.
지금의 내 나이로 보아
투정을 부릴 때도 아니고
너무나 늙어 예쁘지도 않은데
지금 무엇을 바라고 있단 말인가?
또 무엇으로 살아야 할 때인가?

소중하고 소중한 것이란
우아하고 아름다운 모습보다
더 값진 시간을 가지는 것이리라.
이제 넝쿨을 타고 잘 익은 구기자 열매처럼

나는 잘 키워진 모습이 되어

이 다음 내 자식들이

좋은 추억으로 꺼내보는 사진 한 장이 되어

그리움을 채워주는 엄마가 되어야겠고

당신에겐 옛 모습 사라진 지금의 아내지만

더 따뜻하고 다정한 미소로나마

당신의 친구로 살아갈 것을

다짐하며 머리를 쓰다듬는다.

44 /

내가 나를 만들어

죽은 듯 잠든 밤을 지나
새 아침을 만나면서부터
우주 법계의 큰 은혜 속에 나를 실었다.
맑은 물로 세수하고 양치하며
나는 깨끗하고 밝아졌다.
그러나
내가 버린 물은 이미 더러워지고
더러워진 물은 하천을 타고 흘러가고 있다.
맑은 공기 들이마시며
몸속에 갇혀있던 탄소를 뿜어내니
시작부터 맑음을 흩트리는 빚진 삶이 시작된다.

이제
세상에서 아름다움을 장식하고
세상을 향기롭게,

내가 아닌 우리라는 이름으로

모두 함께 정화된 삶을 가꾸어야 겠다.

그래서

살아야 할 이유 속에

은혜를 소중히 간직하고

나도 은혜를 길러가며

자연이 나를 동참케 하길 서원해 본다.

햇님께 부끄럽지 않고

달님께 미소 지을 수 있게

천지 만물과 동반자가 되는 내가 되어

나 오늘을 만들어야 겠다.

45 /

내 안에 부처님을

내 안에 부처님을
인질로 가두어두고
오늘도 나를 몰아세운다.
내 안에 부처를 인질로 잡고
나를 길들이고 있다.
내 안에 부처를 숨겨놓고
내가 누구인지를 묻고 있다.
내 안에 부처 있는데
내가 부처를 찾아 돌아다닌다.

내 안에 부처를 두고
부처를 닮겠다고
날마다 기원 드리니
아직도 미련한
나는

나를 버리지 못하고 있다.

언젠가 내 안에 부처가

나 밖을 나설 때면

나 또한

나를 떠난 나로 홀연 하겠지…

46 /

고향 생각 날 때면

엄마의 향기가 날아 온다.

어린 나를 업고 물동이를 이고

먼 우물에서 물을 길어와

할아버지를 위시한 가족들의 공양을 지으시던 엄마!

한여름에도 큰 가마솥에 불을 때고

젖은 손 마를 여유조차 없으셨던 울 엄마.

떼를 쓰고 밥을 굶을라치면

언제나 양지바른 장독간으로 데려가

한술씩 차례로 먹여주시던 울 엄마

그래도 밤이면 길쌈으로 밤을 지새우시고

하얀 무명옷 풀 먹여

할아버지께 바치시던 울 엄마

참 많이도 그립다.

어린 시절 우리 집 화단에는

채송화도 봉숭아도 맨드라미, 국화 접시꽃

그리고 키가 큰 장다리꽃도 피었었는데

밤알만한 꿀밤이 큰 나무에서 툭하고 떨어지면

껍질을 갈아 그릇을 만들어

소꿉장난 하던 내 어린 시절

앙증맞고 귀여웠을레라.

다시 한 번 그 시절이 되고 싶어라

그 보다도 엄마가 너무 보고 싶다.

울 엄마 김해유인, 김선이 영가님!

그 고생 다 묻어두고 훨훨 극락에 드시옵소서.

그리운 울 엄마!~

47 /

부모

부모란 자녀들의 신호등이다.

길을 갈 땐 신호등의 지시를 받아야 하고

또 제대로 지켜야 사고가 없는 것처럼

우리 인간 세계엔 늘 위험과 어려움이 함께 있어

부모라는 관계로 늘 걱정하고 염려 한다.

부모는 직접 낳아주고 길러주고 가장 사랑하는

그 마음으로 더욱 진실하게 애끓는 정이

그 자리를 떠나지 않는다.

그래서 이렇게 저렇게 잘 되기를 인생의 선배로서

염려를 한다.

자식은 신호등을 무시하고 길을 건듯 부모의 말을

무시 할 때도 있지만 부모의 걱정을 덜어주는 마음으로

신호를 지키고 삶의 질서를 이루어야 하는 것이다.

그래서 그 자녀들이 성장하여 어른이 되면 또 그
자녀의 신호등이 되는 것이다.
사고 없이 살 수 있도록 신호를 따르라.
그리고 벌금 내지 말고 살아라.

48 /

내 아들

아들이 자고 간
이부자리를 정리하면서
아들의 향기를 느껴본다.
품속의 자식이라더니
그 어리고 착한 아들이
어느새 훌쩍 자라 어른이 되어
그도 자식을 키우는
아빠가 되고
가장이 되었으니
세월의 무상(無常)함이라.

이제 부모인 우리 집에는
오면 반갑고 가면 그리운
손님이 되었다.
내리 사랑인가.

손주들의 예쁜
목소리가 듣고 싶어
시도 때도 없이
전화기를 드는
영락 없는 할머니일 뿐이다

사랑하는 나의 아들
그 가족들을 위해
기도하는 마음
오늘도 불전(佛前)에 서 있다.

49 /

사랑하는 병아리 구족(具足)아

네가 아파 눈을 감을 때마다

나는 겁이 났다.

눈을 감을 때마다

다시 눈을 뜨지 못할 것 같아 겁이 났다.

나는 너를 꼭 살리고 싶었는데

꼭 살아주길 기도했는데,

불쌍한 우리 삐약이!

너를 사랑하는데

너는 어찌 이리도 힘들어하는지

네가 굶어 있는 모습이

차라리 내가 굶어 네가 일어나길 바랐는데

눈물도 소용 없고 가슴만 아프구나

나

너를 사랑하고 있는데

삶이 끝나는 시간을 맞이한 너에게

나는 슬퍼 아무 일도 할 수가 없구나.

어디로 가는지 알 수는 없지만

나는 네가 부처님 품에 들기를

기도할 뿐이다.

삐약이! 안녕~

50 /

스스로 나누는 마음은

내 스스로 나누는 마음은 즐거움이고
욕심으로 인색함은 괴로움을 안게 된다.

지혜로운 사람을 가까이 하면 배움의 즐거움이 있고
덕 있는 사람과 가까이 하면 삶의 향기가 배어든다.

복 나무에 복이 열리고
죄의 나무에는 죄의 열매가 열린다.

언제나 참는 마음과 사랑하는 마음 길들이면
미운 생각도 원망하는 마음도 모두 쉬어지리라.

생활이 어려운 이웃에겐 물질의 보시가 으뜸이고
마음이 괴로운 이에게는 위로의 말동무가 보시이다.

날마다 아침이 오면 햇님께 감사하고
어둠이 덮인 밤에는 달님께 감사하자.

남 위해 기도하면 공덕이 그를 따르고
시기하고 방해하면 늘 불안이 그를 따른다.

오늘 하루도 무엇을 할까.
나도 이롭고 남도 이로운 하루가 저문 밤에도
후회 없는 보람 가득하길.

성내지 않는 그 얼굴은 만남을 원하고
어진 말에는 소리를 쫓아 모여든다.

삼보에 예경하고 계를 지키며
육바라밀 실천하여 세상의 귀한 삶 살으리.

살아 있음에 감사하고

만나는 인연마다 기뻐하라.

말 없는 대화는 눈빛 속에 나눔 있고

마주 잡은 손의 따스함이 정성을 말한다.

어렵지만 미운 사람 있거든

착한 생각 일으켜 용서하고 사랑하라.

내가 먼저 온화하고 부드러운 눈빛이면

그는 결코 나를 따르게 되리라.

51

내 부처님

내 부처님은
내 안에 계신다.
내가 웃을 때 기뻐하고
내 속에 있길 좋아하고
내가 슬플 때
내 속이 답답해
나를 떠나고 싶어 한다.
모든 것을 사랑으로 대하면
부처님도 행복해한다.

사람사람 높고 낮음 있으랴만
귀한 사람 귀한 일 하도록
받혀 줄 때
그 낮은 합장이 더욱 아름다운 일.

52 /

내 마음은

허공이네

내 마음은.

아무 것도 없는 빈 하늘이네.

새들도 날아가고 구름도 흘러가네.

내 마음은

빈 들이어라.

보리도 심고 벼도 심는 빈 들.

내 마음은

넓은 운동장.

아이들이 축구도 하고 유희도 하는 운동장.

내 마음은 넓은 바다

언제나

고기떼가 놀고

해초가 자라는 곳.

빈 그릇엔 무엇이든 담을 수 있어

나는 빈 그릇이네.

53 /

날마다 만나는 햇님과 달님

날마다 만나는 햇님과 달님.
시간의 격차는 달라도
세상의 밝고 어둡은 같은 것.
낮엔 일 하고 밤엔 잠자는 일
사람마다 다르지 않고
기쁠 때 웃고 슬프면 우는 일
또한 자연의 법칙이라면
말릴 일조차 아니지 않는가.
다 같지 않는 세상살이
이것이 대방광불화엄경의
이치일리라.

흔히 말하는 복이란 무엇인가.
향기도 모습도 없지만 느낄 수는 있듯
복의 모양 보이지 않지만

복은 언제나

가까이 있으니 만날 준비로

정성 다해 기다리는 것.

오시는 길 청소로 깨끗이

몸과 마음 목욕재계 하리라.

54 /

길을 걷다 낙엽을 주웠다

산길을 걷는데

발아래 예쁜 낙엽을 보았다

낙엽은 아직도 촉촉이 마르지 않은

단풍색으로 아름다웠다.

그냥 지나칠 수 없어 몇 잎을 주워들었다.

행여 누가 밟을세라

곱게 펴서 겹겹이 접어 길을 걷는다.

한적한 산언저리에 곱게 올리고 가려는데

뒤따라오던 아저씨가 나를 부른다

"아주머니 왜 낙엽을 거기에 두고 가는데요?"

"누가 밟을까봐서요."

내 말을 알아차린 그 아저씨는

"잎이 떨어지면 이미 죽은 것인데…"

그러나 아직은 물기가 촉촉하니

마를 때까지 밟지 말았으면 좋겠다는 내 생각일 뿐이다.
수도 없이 많은 이 낙엽들이 길을 채운다.
그 엄마 나무의 보호를 더 받을 수 없어
땅으로 떨어지고 만 낙엽들!

낙엽을 보고 낙엽이 되어 본다.
이렇게 이렇게 뒹굴다 사라지는 낙엽은
늦은 가을임을 알리고 있다.

55 /

낙엽을 밟는다

낙엽 부서지는 소리에

추억이 찾아 든다

낙엽을 쓸어 모아 불을 지피고

큰 가마솥에 밥을 지으며

그 불 속에 고구마 감자도 구웠는데…

엄마는 아궁이 속의 불을 향해

꽁꽁 얼어버린 차가운 내 손 녹여주곤 했었다.

타닥타닥 낙엽 타는 소리

정겹기도 했었는데

그 추억은

지금도 내 가슴에 있지만

시간은 세월이 되어

멀리~ 멀리 멀어만 가고

오늘

이렇게 낙엽을 밟으며 홀로 걷고 있다.
바스락 바스락 낙엽이 부서지는 소리!

낙엽은
향기를 날리고
또 다른 추억을 만들며
점점 사라지고 있다.
내가 가진 이 육신도
낙엽이 되고 말 훗날을 생각하며…

56 /

솔방울

솔방울이

지천으로 떨어져 널려있다.

수많은 이 솔방울들을 보며

내가 어릴 적 학교 난로에 불을 피우기 위해

친구들과 산으로 달려가

자루마다 가득가득 담아 머리에 이고

철 난로에 불을 피며

그 위에 도시락 올려

따뜻하게 먹었던 그때가 생각난다.

쉬는 시간이 되면 난로 옆에 옹기종기 모여

이야기도 정겨웠다.

난로 가까이 앉은 친구의 볼은

언제나 볼그라니 익어있었다.

고사리 손을 내밀고

추운 겨울 언 몸 녹였는데…

이 많은 솔방울들!

지금은 아까워도 쓸 곳이 없구나.

아파트가 아닌 주택이라면

마당 한켠에 솥 걸어두고

불을 지피며 솔방울 타는 소리 들으며

추억도 함께 태워볼 텐데…

솔방울은 불에 타더라도

재의 모양 그대로

빨간 솔방울이다.

57 /

나의 신호등

부모는 언제나 자식들의 신호등이다.
가면 안돼 지금은 서야 돼.
이젠 가도 좋아.
이렇게 어려서부터 늘 당부하고 염려를 하기 때문이다.
어른이 된 후에도 그 염려를 놓지 못함이 또한
부모의 마음이다.

그러나 나의 길은 누가 살펴 주더냐.
스스로 자기 가슴에 안고 사는 자기 부처님을 의지하여
이건 아니고 저건 옳은 것으로 마음을 정한다.
그래서 우리의 신호등은 부처님이시고
부처님은 항상 밝혀 주시니
실수 없고 후회 없는 길을 가리니
모두들 함께 동참하면 더욱 외롭지 않으리.
길 가다 가만히 서 있는 부처님을 만나도 합장하는

우리들은 모두가 그 신호등에 감사하기 때문이다.
세상의 하늘에도 땅에도 나무에도 산도 들도 온통
한 덩어리의 부처님이시니 어딘들 안 계시리까.
행복한 공덕 지을 만하지요.

지금 상처 난 곳에 약을 바르듯 아픈 수재민에게
약은 우리들의 보시입니다
그리고 따뜻한 격려의 말입니다.

58 /

나를 아무도 몰라볼 때

나를 아무도 몰라볼 때
나는 자유로웠고
나를 알아보는 사람들 앞에서
나는 체면에 자유롭지 못해

어쩌면 남 앞에서 나는 위선이 아니었을까?

혼자 방안에 있어도
함부로 행동 할 수 없음은
내가 아닌
신들이 보고 있기 때문이며

어둠 속에서도
집안의 물건 위치 아는 것처럼
눈을 감고 보이는

내 세계가 있는 법.

염념(念念)이 진실하고 아름다워야 할 것.

저자가 종이로 만들고 있는 보살상.

59 /

나는 엄마

나는 엄마!

내 몸속에

아니 내 마음속에

자나 깨나 먼 곳에 살고 있는

내 아들 딸들, 그리고 손자 손녀들

염려가 걱정이 되어 기도하게 한다.

그래서 엄마일까?

언제나 사랑이 그리움 되고

그리움은 마음 조린 염려를 만든다.

잘 있다는 말을 들으려 전화를 한다.

이 마음 안고 세계 어디를 간 들

나를 벗어나지 못하는 나는 엄마다!

기쁜 소식이 와도 눈물을 흘린다.

고마워서 감사해서

아기가 열이 난다는 말을 들을 때면
밤새 내내 걱정한다.
부디 무사하길 기도한다.

이렇게 많은 세상 사람들 속에
부모 자식 인연은 그냥 사이가 아닌
멀고도 먼 전생부터 지어온 지중한 인연으로
애간장 녹이는 온갖 걱정으로
어찌 보면 슬픈 집착일까?
그래도 행복할 때 같이 웃지 않는가.
사랑하는 이 마음
오늘도 하늘 향해 이 마음 날려 보낸다.
안~녕~

60 /

나는 씨앗이 되어

나는 씨앗이 되어

봄이 되면 태어나고 싶다.

귀엽고 사랑스런 새 잎이 되어

사랑받고 싶다.

나는 다시 꽃이고 싶다.

기왕이면 향기 가득한 예쁜 꽃이고 싶다.

키가 작아

귀엽고 앙증맞은 꽃이고 싶다.

나는 또 다시

키가 큰 해바라기 꽃이고 싶다.

높이 서서 멀리 허공을 바라보며

님 기다리는 그리움의 꽃이고 싶다.

나는 다시

민들레 꽃이고 싶다.

어떤 시련에도 꽃피우는 민들레 꽃이고 싶다.

그리고 다시 씨앗이 되어
하얀 솜털 씨앗으로
멀리 멀리 허공을 날아
사뿐히 내려앉은 자리에서
또 다시
봄을 기다리는 꽃씨가 되고 싶다.

61 /

나는 바보

바보 같은 나라고 생각하니
나는 바보가 되었고,
남들의 칭찬 앞에도 나는 나를 알기에
바보임을 자처했고,
조금씩 나를 보면서
그 바보의 탈을 벗게 되었네.
바보는 걱정도 없고
슬픔도 모르는
그저 그저 그냥 서 있음이겠지.
이제 한 발씩 내디뎌
나도 걸을 수 있고
달릴 수도 있음을 보이기보다
발견해지길 바래본다.
진정 바보가 아닌 나를 볼 때까지…

62 /

나 지금

지금 나는 과거도 아니고
미래도 아닌 지금에 있는데
왜 지나간 시간에 머물고 있을까.

나는 지금 이 순간에 서 있는데
왜 오지도 않은 내일을 걱정할까.
나는 이렇게 지금에 있는데
이 지금마저도 머물지 않고 흘러가는 시간인데,
나 지금 이렇게 지금으로 가만히 있는데
내 얼굴 주름은 언제 어떻게 생겼을까.
좋았던 지난 시간은
이미 지나가고 흔적마저 없는데
그 필요 없는 망상에 나를 맡길까.

손등에 주름을 보고

세월의 흔적을 알았거늘

그래도 옛날은 보이고 미래는 알 수가 없어라.

오지 않은 미래에 나를 맡기니

지금이라는 단어가 나를 보고

슬며시 윙크하고 있다.

63 /

꽃길을 걷는다

나는 꽃길을 걸으며
꽃의 마음을 들여다 본다.
꽃이 가지고 있는 사랑도
꽃이 가지고 있는 노래도 들으며
꽃의 웃음도 듣는다.
그리고
꽃이 흘리는 눈물도
아픈 이별도 본다.

세상 모두는 때가 되면 만나고
때가 되면 흩어지는 진리 일진데,
자연은 아무도 보아주지 않아도
자기의 세계로 살아가는 것.
꽃을 피워야 하는 자기의 몫을
꼭 이루고야 마는 진리로

보라는 보라,

흰색은 흰색으로

흙 속에서 피워 낸다.

64 /

공림사!

2008년도 부산불교 하계수련회에 오게 되니
그리운 이 만난 듯 눈물이 날듯 기쁜 도량이다.
때마침 결제 해제 안거 마친 뒤여서
스님들의 땀 냄새가 배어 있는 빈 방석에
운 좋게도 앉을 수가 있었다.

선(禪)이라는 거룩한 이름보다 귀한 이 인연에
고마움 가득 안고 들뜬 기쁨을 신심이라 믿으며
'진정 나는 누구인지?'를 묻곤 했었다.

눈앞의 정경은 허공의 도화지에 우거진 숲들의 그림!
빗물을 머금고 있는 풀의 냄새 또한 향기로워
몸으로 마음으로 촉촉이 배어 들고 있다.
스님은 꾸벅 꾸벅 졸면서도 참선 삼매에 드셨고
우리는 겁 없는 강아지들의 나들이처럼

신선한 바람과 향기에 취해 행복한 밤을 만나
고요적적 나는 누굴까?

이 틈새에 풀벌레의 노래 소리가
점점 더 크게 들려오고 순간 내 업장은 솜털 같이
가벼워졌을 것만 같아 눈물 위에 또 눈물이 흐른다.
나는 누굴까?
전생의 머나먼 여정으로 여기까지 흘러온 나!
나는 또 어디로 가고 있는가.

명주실 같이 가느다란 그 업연에 매달려
끊어질듯 늘어날듯 집착은 업이 되어
업을 안고 살아가니
오늘 이곳 공림사에 내려두고 정진의 힘 안고 가야겠다.

공림사의 장군수(將軍水)를 흔껏 마시고
다시는 마군이 없는 내 세계를 만들어야겠다.
주지 스님의 힘찬 기도 속에 내 몫도 담았어라.
스님 몰래 그 신심 속으로 내가 숨어들었다.
내 안의 망상 쫓아 버리고 환희축원 안고 가야지.

65 /

깊은 산 작은 암자

깊고 깊은 산속 작은 암자 하나
그곳에 계신 작은 법당의 작은 부처님
혼자 댕그라니 앉아 계신다.
노 비구니스님 한 분과 젊은 비구니스님 한 분
두 분이 거처하고 계신다.

새벽이면 여린 비구니스님의
도량석 목탁소리가 맑게 퍼져 아침을 깨운다.
그리고 지심귀명례의 예불을 올린다.
스님은 무엇을 향해 저리도 간절하게 기도하실까?
여기 가만히 앉아 계신 작은 부처님은
말이 없으신데…
무슨 마음으로 저리도 간절하게 많은 소원을 빌까?
온 도량이 첩첩산중인데
어째서 스님은 이곳에서 자신을 맡기고

말하지 않고 움직이지 않는 작은 불상을 바라보며
생을 보낼까?

아무도 모르게 부처님은 답을 해 주실까?

66 /

길을 가다가

작은 짐차에 실린 어항을 보게 되었다.
큰 어항에 작은 새끼 오징어와 전어들이
죽음이 무엇인지도 모르고 헤엄을 치고 있다.
바다에 살던 이 고기들은
또 다른 바깥세상을 보고 어떤 마음일까.
휘황찬란한 도시의 불빛에 사람들의 움직임이
얼마나 불안할까.

우리가 물 속에 있다고 상상해 보라.
곧 누구의 요구로 금방이라도
칼로 찢겨져야 하는 슬픈 운명을 안고 있으면서
그걸 알 리가 있을까.
그저 빠져나갈 생각으로 유리벽에 미끄러지고
또 미끄러지면서 어항을 맴돈다.

사람들은 음식이라지만
죽음을 반기는 그 어떤 생명도 없다.

나는 입을 굳게 다물고 그곳을 지나오면서
광명진언과 나무아미타불을 외운다.

67 /

그릇의 물이 차면

그릇의 물이 차면
물은 넘친다.
사람의 몸에도 언제나 물은 흐르고 있다.
노력 없이 흐르는 물은 오염의 물이요,
애써 일하고 노력으로 흐르는 물은
향기로운 땀으로 흘러내린다.
그리고 그 모습은 거룩한 聖者의 모습이다.

자식을 위해 천배의 절을 하는 엄마의 모습은
감동의 눈물과도 같은 땀이요 사랑이어라.
무거운 짐을 지고 땀 흘리는 아빠의 모습은
슬픔이 담긴 책임과 의무의 땀이며
부모 잃은 소년 소녀 가장의 작은 손길의 삶에는
피와 같은 땀이 아니련가.

모두를 사랑하고 사랑하는 마음으로 보라.

그만큼의 가치로써 지켜보고 격려하며

감동과 감격을 함께 느껴보라.

어느 누구도 함부로 말하지 말며 함부로 보지 말라.

아름다운 노력의 땀을 흘릴 줄 알며

그 땀의 가치를 인정할 때

사랑도 아프고 감동도 아파질 것이다.

우린 진정한 사람의 깊은 향기를 느끼면서

서로 격려하고 사랑해야 한다.

68 /

살기 위해

살기 위해 구하는 자는 구걸의 삶이 되고
나누는 이에게는 덕을 이루는 삶이 된다.

마음은 하늘이고 생각은 구름이다.
마음은 바다이고 생각은 파도이다.

본시의 내 몫 외에는 탐함이 없어야 하고
허물의 말 잡으려 말고 흐르는 물 막으려 말라.

화려한 추억에 시간을 투자 말고
미래의 내 모습도 그리지 말고 지금에 투자하라.

거센 태풍이 불어도 세상은 무너지지 않는다.
그러나 상처는 흔적으로 남는 것,

전생과 후생이 지금 이 순간에 함께 있으니
어둠 속에 밝은 길 찾아야 하리.

아름다움을 만들고 맛을 찾아 헤매지 말아야 하네.
곧 밤이 되는 어둠이 오고야 말테니.

생각생각 염주 알 세듯 놓치지 않듯 나를 잡고
바른 길 밝음을 따라 부처님세상 향하리라.

69 /

구운 맛과 삶은 맛

굽거나 볶으면 맛은 고소하다.

그러나 삶거나 고우면 부드러워지는 것.

사람을 만날 때도 어떤 사람은 구수하고

듣기가 재미난 이야기를 하는가 하면

느긋하고 편안해 그대로 부드러운 인상을 주는 사람도 있다.

음식의 맛처럼

우리의 삶도 형형색색 온갖 맛을 가지고 산다.

가끔은 깨처럼 볶인 재미난 이야기를 바라지만

무우국 같은 순하고 편한 음식의 맛이 되고 싶을 때도 있다.

모임을 통해보면 온갖 장신구로

아름다움을 가진 친구가 있나 하면

한편으로는 순하디 순한 소박한 차림의 친구를 본다.

이런 모습에서 고소함과 시원한 국의 맛을 느끼게 된다.

나는 지금 무슨 맛을 즐기고 있을까?

아니 어떤 맛으로 보여지고 있을까?

융단같은 푸른 잔디가 지금은 그마저도 황금빛 가을이다.

이렇듯 보이는 맛이 다르듯

우리는 변화 속에 살고 변화하고 사는 것이다

아버지 어머니가 살고 계셨던 그때가 눈에 선한데

내 지금 그때 그 엄마보다 더 늙은 나이의 할머니라니…

지금 나는 무우국의 맛으로 살아야 하리라

70 /

과거는 모두 고슴도치의 삶이다

고슴도치는 작은 굴을 파고 그 속에 산다.
들어갈 때는 잘 들어갈 수 있지만 뒤로는 나올 수가 없단다.
가시의 침으로 돌아서 나올 수는 있지만

뒷걸음이 안 되는 것처럼 우리의 삶도 되돌릴 수는 없는 것.
이 지구의 큰 땅위에 살지만 내가 거처하는 곳은
작은 집이라는 공간에서 일생을 가족과 더불어 살면서
웃기도 울기도 하면서 그렇게 그렇게 살아간다.

마지막 죽음 뒤에 이웃은 말한다.
생전의 삶을, 덕담이던 악담이던 그 평생을 대변한다.
누구나 어질고 착하기를 원하지 않는 사람이 어디 있을까.
그러나 지나온 자기의 업이 그 몸과 마음을 지배하니
그건 이생의 마음이 아니더라도 업연(業緣)이 있는 한
고생도 행복도 한 몸으로 있으니 누군들 어찌하랴.

지혜 있는 이는 고슴도치가 그 작은 굴속에서 돌아서 나오듯
뱀이 허물을 벗듯이 자기의 업을 벗어버리고 나올 것이다.
아무리 부지런하고 열심히 일을 해도 지혜가 없다면
배만 부르고 영양이 없다니…

이생에서 귀하고 귀한 불법 만남이 지혜의 문이고 문 없는
문을 여는, 알 듯 모를 듯한 나를 발견함이니 물러나지 않는
정지(正智)로 함께 할 벗이 있다면 더욱 좋을 것 같다.
내 공부, 네 공부 함께 풀어놓고 도시락을 먹는 즐거움이
곁들이면 참 행복할 것 같지 않나요?

71 /

고요함과 적적함

고요함과 적적함과의 차이는 무엇일까?
고요함은 나 자신마저 잊을 만큼
주변 모두가 한가함에 속할 것이고
적적하다는 말은 고요 속에 무언지 허전함이 있는
뜻으로 본다면 잘못된 생각일까.

나는 아직도
적적함 보다는 분주하지만
내가 조용하다면 아마도 적적하다고 할 것 같다.
아직도 내면의 수행이 고요하다고 할 것 같지는 않다.
이제 점점 분주함에서 고요함을 만들어 가는
수행을 해야겠다는 다짐을 해 본다.

'언젠가는'이라는 단어를 자주 써 왔다
그런데 시간은 보장할 수가 없다.

지금부터 짬짬이 내 원을 행하고 살아야 하겠다.

자연과의 만남은 있는 그대로,

사람과의 만남은 진실과 사랑의 마음으로

지혜로운 사람과의 대화로 나를 키우고

나 보기에 부족한 사람은 채워 보기로

평등을 실천하는 풋 보살에서 점점 익어가야 하리.

내 서원은 바른 하루로…

72 /

고생도 고마운 이 세상

몸이 좋지 않아 병원엘 갔다.
싫어하는 주사도 맞고 싫어하는 약도 받았다.
그래도 먹고 나을 수 있다는 희망이 있는
가벼운 병이니 또 얼마나 다행이냐 생각하니
고통도 고마운 지금의 내 삶이 아니랴.

세상에 내 있음에 가족도 이웃도 있는 법
내가 없다면 다 존재로 볼 수가 없다.
내 것과 네 것으로 따지지만 그 모든 것이
내가 있어 상대가 있는 것이니
고마워라 고마워라, 그리고 감사하지.
내 없는 세상은 그냥 그대로 변화만 있고
그대로 흘러가겠지만

나는 내 업보로 흘러갈 것이 두렵지 않느냐.

물도 순한 물, 무서운 물이 있듯

세상도 전쟁 없는 평화로운 나라에

부모형제 다 있는 외롭지 않는 가족을 이루고

부처님 공부 잘 해서

결국은 수행정진의 거룩한 불제자 됨이 꿈이니

그러기 위해 건강한 내가 되어야 겠기에

오늘의 힘든 고통 다 받아들여

감사합니다. 살아 있음에 감사합니다.

73 /

고난이 지난 후에라야

고난이 지난 후에라야
진정한 행복의 가치를 알게 되는 법일까?
마치 폭우가 지난 뒤
맑고 밝은 햇빛을 보는 것처럼
마음이란 흐르는 물과 같아
늘 흘러가고 새로운 것으로 채우고
비우기를 반복하며 살아가고 있음이니
어찌 좋은 일만 있으랴.

그러나 막상 어렵고 힘든 시간을 만날 때면
그 짧은 시간 일지라도
나를 녹이고 있음을 본다.
마음이 편해야 얼굴도 밝은 법,
마음이 괴로울 때면
남들도 그 마음 읽게 되니

어둔 구름 속에 내 서 있음과도 같아라.
그러나 시간은 언제나 여여한데
시간이 흘러가듯 항상함이 없음이니
삶이 무엇이던가?

호흡 한 번에 죽고 사는 것,
괴로움도 원망심도 다 내려놓아야 하는 것,
내 아프면 주변이 함께 우울할 것이니
거울을 앞에 두고 나를 바라보자.
어떤 모습으로 살아야 할 것인지,
훨훨 털고 살아가는 모습으로
내 모습 되자.

74 /

계절에 맞는

옛날에는 철따라 꽃이 피고
과일도 철따라 만날 수 있었는데
지금 우리의 시대엔
철없는 꽃과 과일 그리고 채소들이 있다.

그래서 일까.
국화가 하는 말.
"내가 왜 9월 국화냐.
사계절 내내 어느 때이건
내가 피어 있지 않는 때가 있는가."
그러니 여름에 만나는 참외며 수박도
"우리들도 어느 때라도 볼 수 있는 과일이라오."

그렇다!
왜 요즘 사람들이 많이 배우고

많은 것을 보고 사는데 더 철없이 사는지

이렇게 철없는 음식을 먹고 사니

사람도 철이 없어지는 것이라고…

밤엔 잠자고 새벽에 일어나며 낮엔 일하자.

그리고 제철에 맞는 음식을 먹자.

말과 행동도 자기답게 하며

자기를 바로 보자.

75 /

가을 민들레

봄부터 여름 내내 사람들의 밟힘을 견디며
노란 꽃들을 피워온 민들레!
가을이라 걱정이구나.
그토록 힘겹게 꽃 피워
수없이 많은 꽃씨를 품에 안고
하늘 아래 제일 행복한 가족인데
바람 불면 하얀 솜털 씨앗
날아갈까 걱정이네.

엄마 품에 안긴 꽃씨들은
서로가 서로를 의지하여
동그란 솜털로 동여매어 서로가 껴안고
이대로 영원히 함께 살자고 하지만
가을바람이 불어오고 있다.
점점 더 큰 바람이 심술을 부린다.

씨앗이 하나 둘씩 떨어져 나간다.
산으로 바다로

또 어디론가 바람을 타고 날아~ 간다.
엄마의 슬픈 손짓을 바라보면서
그냥 그대로 바람에 실려
기약 없는 이별을 하고 만다.
슬픈 민들레 씨앗은
또다시 봄이 되면 산과 들에서
형 아우 불러보겠지.

76 /

내 나이 70

아직도
엄마가 보고 싶고 아버지가 그립다.
내 모습에 엄마가 있고
내 맘속에 아버지가 있음에도
때로는 가슴시리도록 보고 싶다.

맛있는 음식 앞에서도
아름다운 산천을 보아도
차를 타고 즐거운 나들이 갈 때도
행복한 노래를 들을 때에도
옛날 아버지를 기억해주는 사람들을 만났을 때에도
엄마를 기억해 주는 사람을 만났을 때에도
나는 엄마 아버지가 보고 싶다.

내 몸이 소중함도

아버지의 정신과 엄마의 살결이 내가 되어 있으니

나는 나를 아끼고 사랑해야 한다.

이제 엄마가 살다 가고

아버지가 살다 가신 그 나이에 내가 서 있다.

그때의 내 엄마를, 내 아버지를 만날 수 있을런지?

77 /

가을 낙엽

목련 잎이 낙엽 되어
땅 위에서 바람에 쓸려 다닌다.
사람의 발길에 밟혀 부서지는 소리에
그때사 사람들은 뒤돌아보며
무엇인가 다시 한 번 생각하는 모습이다.

그냥 마음이 서글퍼지는 얼굴에
왠지 세월의 덧없음이 느껴지는 것 같다.
그러나
나무들은 걸치고 있던 옷들을
홀가분하게 다 벗어야만
또 다시 예쁜 새 옷을 갈아입듯
목련의 나무도
이렇게 이렇게 다 벗어두고
겨울 지나 제일 먼저 하얀 꽃 우아하게 피워

사람들을 행복하게 해 줄 수 있는 것이다.

그리고 연두색 고운 잎 키워
우거진 숲을 이루리니
우리의 늙음도 이와 같아
나 죽어도 서러워 말거라.
이 세상에 또 다른 생명이
나처럼 태어나 살다가
가고 오고 오고 가는 것인 걸
나무에 매달려 떨어지지 않는
한 잎의 부끄러운 존재는 되지 말아야제.

누가 허공을 비었다 했는가

1판 1쇄 펴낸 날 2015년 7월 3일

지은이 이대원성
발행인 박귀늠 · 박개성
기획 김성우
편집 이유경
디자인 김현민
마케팅 권태형
제작 해인프린팅

펴낸곳 여시아문 110-170 서울특별시 종로구 우정국로 45-13 수송빌딩 2층
전화 02-2632-8739
팩스 0505-115-2068
이메일 buddhapia5@daum.net
트위터 @kjk5555
페이스북 ID 김성우
홈페이지 http://blog.daum.net/kudoyukjung
출판등록 1995년 3월 2일 제1-1852호

ISBN 978-89-87067-85-8 03220